# 건강보험
# 심사평가원

## 직업기초능력평가 모의고사

## [전산직]

| | 영 역 | 의사소통능력, 수리능력, 문제해결능력, 정보능력 |
|---|---|---|
| 제 **2** 회 | 문항수 | 50문항 |
| | 시 간 | 60분 |
| | 비 고 | 객관식 5지선다형 |

**SEOWONGAK**

(주)서원각

**1.** 다음은 회의 관련 규정의 일부이다. 잘못 쓰여 진 글자는 모두 몇 개인가?

---

제22조(회의 등)

① 심의위원회의 회의는 정기회의와 임시회이로 구분한다.

② 심의위원회의 회의는 공개한다. 다만, 다음 각 호의 어느 하나에 해당하는 경우에는 심의위원회의 의결로 공개하지 아니할 수 있다.

  1. 공개하면 국가안전보장을 해칠 우려가 있는 경우

  2. 다른 법령에 따라 비밀로 분류되거나 공개가 제한된 내용이 포함되어 있는 경우

  3. 공개하면 개인 · 법인 및 단체의 명예를 훼손하거나 정당한 이익을 해칠 우려가 있다고 인정되는 경우

  4. 감사 · 인사관리 등에 관한 사항으로 공개하면 공정한 업무수행에 현저한 지장을 초래할 우려가 있는 경우

③ 심의위원회의 회의는 재직위원 과반수의 출석과 출석위원 과반수의 찬성으로 의결한다.

④ 심의위원회는 그 소관직무 중 일부를 분담하여 효율적으로 수행하기 위하여 소위원회를 두거나 특정한 분야에 대한 자문 등을 수행하기 위하여 특별위원회를 둘 수 있다.

⑤ 심의위원회의 공개되는 회의를 회의장에서 방청하려는 사람은 신분을 증명할 수 있는 신분증을 제시하고, 회의 개최 전까지 방청건을 발급받아 방청할 수 있다. 이 경우 심의위원장은 회의의 적절한 운영과 질서유지를 위하여 필요한 때에는 방청인 수를 제한하거나 방청인의 퇴장을 명할 수 있다.

⑥ 심의위원회의 회의 운영, 소위원회 또는 특별위원회의 구성 및 운영에 관하여 그 밖에 필요한 사항은 대통령영으로 정한다.

---

① 2개
② 3개
③ 4개
④ 5개
⑤ 6개

**2.** 다음은 국민연금 가입자의 네 가지 형태를 설명하고 있는 글이다. ㈎~㈐에 해당하는 형태의 가입자를 순서대로 올바르게 연결한 것은 어느 것인가?

---

㈎ 납부한 국민연금 보험료가 있는 가입자 또는 가입자였던 자로서 60세에 달한 자가 가입기간이 부족하여 연금을 받지 못하거나 가입기간을 연장하여 더 많은 연금을 받기를 원할 경우는 65세에 달할 때까지 신청에 의하여 가입자가 될 수 있다.

㈏ 60세 이전에 본인의 희망에 의해 가입신청을 하면 가입자가 될 수 있다. 즉, 다른 공적연금에서 퇴직연금(일시금), 장애연금을 받는 퇴직연금 등 수급권자, 국민기초생활보장법에 의한 수급자 중 생계급여 또는 의료급여 또는 보장시설 수급자, 소득활동에 종사하지 않는 사업장가입자 등의 배우자 및 보험료를 납부한 사실이 없고 소득활동에 종사하지 않는 27세 미만인 자는 가입을 희망하는 경우 이 가입자가 될 수 있다.

㈐ 국내에 거주하는 18세 이상 60세 미만의 국민으로서 사업장가입자가 아닌 사람은 당연히 가입자가 된다. 다만, 다른 공적연금에서 퇴직연금(일시금), 장애연금을 받는 퇴직연금 등 수급권자, 국민기초생활보장법에 의한 수급자 중 생계급여 또는 의료급여 또는 보장시설 수급자, 소득활동에 종사하지 않는 사업장가입자 등의 배우자 및 보험료를 납부한 사실이 없고 소득활동에 종사하지 않는 27세 미만인 자는 이 가입자가 될 수 없다.

㈑ 국민연금에 가입된 사업장의 18세 이상 60세 미만의 사용자 및 근로자로서 국민연금에 가입된 자를 말한다. 1인 이상의 근로자를 사용하는 사업장 또는 주한외국기관으로서 1인 이상의 대한민국 국민인 근로자를 사용하는 사업장에서 근무하는 18세 이상 60세 미만의 사용자와 근로자는 당연히 이 가입자가 된다.

---

① 임의계속가입자 – 지역가입자 – 임의가입자 – 사업장 가입자
② 사업장 가입자 – 임의가입자 – 지역가입자 – 임의계속가입자
③ 임의계속가입자 – 임의가입자 – 사업장 가입자 – 지역가입자
④ 임의가입자 – 임의계속가입자 – 지역가입자 – 사업장 가입자
⑤ 임의계속가입자 – 임의가입자 – 지역가입자 – 사업장 가입자

**3.** 다음에 제시된 글을 보고 이 글의 목적에 대해 바르게 나타낸 것은?

---

제목 : 사내 신문의 발행

1. 우리 회사 직원들의 원만한 커뮤니케이션과 대외 이미지를 재고하기 위하여 사내 신문을 발간하고자 합니다.

2. 사내 신문은 홍보지와 달리 새로운 정보와 소식지로써의 역할이 기대되오니 아래의 사항을 검토하시고 재가해주시기 바랍니다.

－아 래－

㉠ 제호 : We 서원인
㉡ 판형 : 140 × 210mm
㉢ 페이지 : 20쪽
㉣ 출간 예정일 : 2018. 1. 1.

별첨 견적서 1부

---

① 회사에서 정부를 상대로 사업을 진행하려고 작성한 문서이다.
② 회사의 업무에 대한 협조를 구하기 위하여 작성한 문서이다.
③ 회사의 업무에 대한 현황이나 진행상황 등을 보고하고자 하는 문서이다.
④ 회사 상품의 특성을 소비자에게 설명하기 위하여 작성한 문서이다.
⑤ 간단한 메모 형식으로 여러 사람이 차례로 돌려 보기 위해 작성한 문서이다.

**4.** 다음은 기업의 정기 주주 총회 소집 공고문이다. 이에 대한 설명으로 옳은 것을 모두 고른 것은?

---

[정기 주주 총회 소집 공고]

상법 제 361조에 의거 ㈜ ○○기업 정기 ㉮주주 총회를 아래와 같이 개최하오니 ㉯주주님들의 많은 참석 바랍니다.
－아 래－
1. 일시 : 2012년 3월 25일(일) 오후 2시
2. 장소 : 본사 1층 대회의실
3. 안건
　－제1호 의안 : 제7기(2011. 1. 1 ~ 2011. 12. 31) 재무제표 승인의 건
　－제2호 의안 : ㉰이사 보수 한도의 건
　－제3호 의안 : ㉱감사 선임의 건
　　　　　　－생 략－

---

㉠ ㉮는 이사회의 하위 기관이다.
㉡ ㉯는 증권 시장에서 주식을 거래할 수 있다.
㉢ ㉰는 별도의 절차 없이 대표 이사가 임명을 승인한다.
㉣ ㉱는 이사회의 업무 및 회계를 감시한다.

① ㉠㉡　　　　　　　　② ㉠㉢
③ ㉡㉣　　　　　　　　④ ㉢㉣
⑤ ㉡㉢㉣

**5.** 다음은 어느 공공기관에서 추진하는 '바람직한 우리 사회'를 주제로 한 포스터이다. 포스터의 주제를 가장 효과적으로 표현한 사원은?

① 甲 : 깨끗한 우리 사회, 부패 척결에서 시작합니다.
② 乙 : 밝고 따뜻한 사회, 작은 관심에서 출발합니다.
③ 丙 : 자연을 보호하는 일, 미래를 보호하는 일입니다.
④ 丁 : 맹목적인 기업 투자, 회사를 기울게 만들 수 있습니다.
⑤ 戊 : 복지사회 구현, 지금 시작해야 합니다.

**6.** 다음 글에서 가장 중요한 요점은 무엇인가?

---

부패방지위원회

수신자 : 수신자 참조
(경유)
제목 : 2015년 부패방지평가 보고대회 개최 알림

1. 귀 기관의 무궁한 발전을 기원합니다.
2. 지난 3년간의 부패방지 성과를 돌아보고 국가청렴도 향상을 위한 정책방안을 정립하기 위하여 2015년 부패방지평가 보고대회를 붙임(1)과 같이 개최하고자 합니다.
3. 동 보고대회의 원활한 진행을 위하여 붙임(2)의 협조사항을 2015년 1월 20일까지 행사준비팀(전화 : 02-000-0000, 팩스 : 02-000-0001, E-mail : 0000@0000.co.kr)로 알려주시기 바랍니다.

※ 초정장은 추후 별도 송부 예정임

붙임 (1) : 2015년 부패방지평가 보고대회 기본계획 1부
　　　(2) : 행사준비관련 협조사항 1부. 끝.

부패방지위원회 회장
○○○
수신자 부패방지공관 부패방지시민모임 기업홍보부 정의실천모임

---

① 수신자의 기관에 무궁한 발전을 위하여
② 초청장의 발행 여부 확인을 위하여
③ 보고대회가 개최됨을 알리기 위하여
④ 기업홍보를 위한 스폰서를 모집하기 위하여
⑤ 행사 일정 변경을 알리기 위하여

**▮7~8▮** 다음은 어느 회사 홈페이지에서 안내하고 있는 사회보장의 정의에 대한 내용이다. 물음에 답하시오.

---

• '사회보장'이라는 용어는 유럽에서 실시하고 있던 사회보험의 '사회'와 미국의 대공황 시기에 등장한 긴급경제보장위원회의 '보장'이란 용어가 합쳐져서 탄생한 것으로 알려져 있다. 1935년에 미국이 「사회보장법」을 제정하면서 법률명으로서 처음으로 사용되었고, 이후 사회보장이라는 용어는 전 세계적으로 ㉠통용되기 시작하였다.

• 제2차 세계대전 후 국제노동기구(ILO)의 「사회보장의 길」과 영국의 베버리지가 작성한 보고서 「사회보험과 관련 서비스」 및 프랑스의 라로크가 ㉡책정한 「사회보장계획」의 영향으로 각국에서 구체적인 사회정책으로 제도화되기 시작하였다.

• 우리나라는 1962년 제5차 개정헌법 제30조 제2항에서 처음으로 '국가는 사회보장의 증진에 노력하여야 한다'고 규정하여 국가적 의무로서 '사회보장'을 천명하였고, 이에 따라 1963년 11월 5일 법률 제1437호로 전문 7개조의 「사회보장에 관한 법률」을 제정하였다.

• '사회보장'이라는 용어가 처음으로 사용된 시기에 대해서는 대체적으로 의견이 일치하고 있으며 해당 용어가 전 세계적으로 ㉢파급되어 사용하고 있음에도 불구하고, '사회보장'의 개념에 대해서는 개인적, 국가적, 시대적, 학문적 관점에 따라 매우 다양하게 인식되고 있다.

• 국제노동기구는 「사회보장의 길」에서 '사회보장'은 사회구성원들에게 발생하는 일정한 위험에 대해서 사회가 적절하게 부여하는 보장이라고 정의하면서, 그 구성요소로 전체 국민을 대상으로 해야 하고, 최저생활이 보장되어야 하며 모든 위험과 사고가 보호되어야 할뿐만 아니라 공공의 기관을 통해서 보호나 보장이 이루어져야 한다고 하였다.

• 우리나라는 사회보장기본법 제3조 제1호에 의하여 "사회보장"이란 출산, ㉣양육, 실업, 노령, 장애, 질병, 빈곤 및 사망 등의 사회적 위험으로부터 모든 국민을 보호하고 국민 삶의 질을 향상 시키는데 필요한 소득·서비스를 보장하는 사회보험, 공공㉤부조, 사회서비스를 말한다'라고 정의하고 있다.

---

**7.** 사회보장에 대해 잘못 이해하고 있는 사람은?

① 영은 : '사회보장'이라는 용어가 법률명으로 처음 사용된 것은 1935년 미국에서였대.
② 원일 : 각국에서 사회보장을 구체적인 사회정책으로 제도화하기 시작한 것은 제2차 세계대전 이후구나.
③ 지민 : 사회보장의 개념은 어떤 관점에서 보느냐에 따라 매우 다양하게 인식될 수 있겠군.
④ 정현 : 국제노동기구의 입장에 따르면 개인에 대한 개인의 보호나 보장 또한 사회보장으로 볼 수 있어.
⑤ 우리나라 사회보장기본법에 따르면 사회보험, 공공부조, 사회서비스가 사회보장에 해당하는군.

**8.** 밑줄 친 단어가 한자로 바르게 표기된 것은?

① ㉠ 통용 – 通容
② ㉡ 책정 – 策正
③ ㉢ 파급 – 波及
④ ㉣ 양육 – 羊肉
⑤ ㉤ 부조 – 不調

**9.** 다음은 ○○기업의 입사지원서 중 자기소개서 평가의 일부이다. 이를 통해 기업이 평가하려고 하는 직업기초능력으로 적절한 것을 모두 고른 것은?

▶ 모집 분야 : ○○기업 고객 상담 센터
 – 고객과 상담 도중 고객의 의도를 정확하게 파악하여 자신의 뜻을 효과적으로 전달할 수 있는 방안을 서술하시오.
 – 예상하지 못했던 문제로 계획했던 일이 진행되지 않았을 때, 문제가 발생한 원인을 정확하게 파악하고 해결했던 경험을 서술하시오.

| ㉠ 수리능력 | ㉡ 자원관리능력 |
| ㉢ 문제해결능력 | ㉣ 의사소통능력 |

① ㉠㉡
② ㉠㉢
③ ㉡㉢
④ ㉢㉣
⑤ ㉡㉢㉣

**10.** 다음 두 글에서 '이것'에 대한 설명으로 가장 적절한 것은?

㈎ 미국 코넬 대학교 심리학과 연구팀은 본교 32명의 여대생을 대상으로 미국의 식품산업 전반에 대한 의견 조사를 실시했다. 'TV에 등장하는 음식 광고가 10년 전에 비해 줄었는지 아니면 늘었는지'를 중심으로 여러 가지 질문을 던졌다. 모든 조사가 끝난 후 설문에 참가한 여대생들에게 다이어트 여부에 대한 추가 질문을 했다. 식사량에 신경을 쓰고 있는지, 지방이 많은 음식은 피하려고 노력하고 있는지 등에 대한 질문들이었다. 현재 다이어트에 신경 쓰고 있는 여대생들은 그렇지 않은 여대생보다 TV의 식품 광고가 더 늘었다고 인식한 분석 결과가 나타났다. 이들이 서로 다른 TV 프로그램을 봤기 때문일까? 물론 그렇지 않다. 이유는 간단하다. 다이어트를 하는 여대생들은 음식에 대한 '이것'으로 세상을 보고 있었기 때문이다.

㈏ 코넬 대학교 연구팀은 미국의 한 초등학교 교사와 교직원을 대상으로 아동들이 직면하고 있는 위험요소가 5년 전에 비하여 증가했는지 감소했는지 조사했다. 그런 다음 응답자들에게 신상 정보를 물었는데, 그 중 한 질문이 첫 아이가 태어난 연도였다. 그 5년 사이에 첫 아이를 낳은 응답자와 그렇지 않은 응답자의 위험 지각 정도를 비교했다. 그 기간 동안에 부모가 된 교사와 직원들이, 그렇지 않은 사람들에 비해 아이들이 직면한 위험 요소가 훨씬 더 늘었다고 답했다. 부모가 되는 순간 세상을 위험한 곳으로 인식하기 시작하는 것이다. 그런 이유로 이들은 영화나 드라마에 등장하는 'F'로 시작하는 욕도 더 예민하게 받아들인다. 이 점에 대해 저널리스트 엘리자베스 오스틴은 이렇게 지적한다. "부모가 되고 나면 영화, 케이블 TV, 음악 그리고 자녀가 없는 친구들과의 대화중에 늘 등장하는 비속어에 매우 민감해진다." 이처럼 우리가 매일 보고 듣는 말이나 그 내용은 개개인의 '이것'에 의해 결정된다.

① 자기 자신의 관심에 따라 세상을 규정하는 사고방식이다.
② 자기 자신에 의존하여 자신이 모든 것을 결정하려고 하는 욕구이다.
③ 특정한 부분에 순간적으로 집중하여 선택적으로 지각하는 능력이다.
④ 자기 자신의 경험과 인식이 정확하고 객관적이라고 믿는 입장이다.
⑤ 한 사회의 특정 시대를 관통하는 공통적인 생각이다.

**11.** 다음 토론의 '입론'에 대한 이해로 적절하지 못한 것은?

찬성 1 : 저는 한식의 표준화가 필요하다고 생각합니다. 이를 위해 한국을 대표하는 음식들의 조리법부터 표준화해야 합니다. 한식의 조리법은 복잡한 데다 계량화되어 있지 않은 경우가 많아서 조리하는 사람에 따라 많은 차이가 나게 됩니다. 게다가 최근에는 한식 고유의 맛과 모양에서 많이 벗어난 음식들까지 등장하여 한식 고유의 맛과 정체성을 흔들고 있습니다. 따라서 한국을 대표하는 음식들부터 식자재 종류와 사용량, 조리하는 방법 등을 일정한 기준에 따라 통일해 놓으면 한식 고유의 맛과 정체성을 지키는 데 큰 도움이 될 것입니다.

반대 2 : 한식의 표준화가 획일화를 가져와 한식의 다양성을 훼손할 수 있다는 생각은 안 해 보셨나요?
찬성 1 : 물론 해 보았습니다. 한식의 표준화가 한식의 다양성을 훼손할 수도 있지만, 한식 고유의 맛과 정체성을 지키기 위해서는 꼭 필요한 일입니다.
사회자 : 찬성 측 토론자의 입론과 이에 대한 교차 조사를 잘 들었습니다. 이어서 반대 측 토론자가 입론을 해 주시기 바랍니다.
반대 1 : 한식 고유의 맛과 정체성은 다른 데 있는 게 아니라 조리하는 사람의 깊은 손맛에 있다고 봅니다. 그런데 한식을 섣불리 표준화하면 이러한 한식 고유의 손맛을 잃어 버려 한식 고유의 맛과 정체성이 오히려 더 크게 훼손될 것입니다.
찬성 1 : 한식 조리법을 표준화하면 손맛을 낼 수 없다는 말씀이신가요?
반대 1 : 손맛은 조리하는 사람마다의 경험과 정성에서 우러나오는 것인데, 조리법을 표준화하면 음식에 이러한 것들을 담기 어려울 것입니다.
사회자 : 이어서 찬성과 반대 측 토론자의 두 번째 입론을 시작하겠습니다. 교차 조사도 함께 진행해 주시기 바랍니다.
찬성 2 : 저는 한식의 표준화가 한식의 세계화를 위해서도 꼭 필요하다고 생각합니다. 최근 케이팝(K-pop)과 드라마 등 한국 대중문화가 세계 속에 널리 알려지면서 우리 음식에 대한 세계인들의 관심이 점점 높아지고 있는데, 한식의 조리법이 표준화되어 있지 않아서 이것이 한식의 세계화에 걸림돌이 되고 있습니다. 얼마 전 외국의 한식당에 가 보니 소금에 절이지도 않은 배추를 고춧가루 양념에만 버무려 놓고, 이것을 김치로 판매하고 있더군요. 이런 문제들이 해결되어야 한식의 세계화가 원활하게 이루어질 것입니다.
반대 1 : 그것은 한식의 표준화보다 정책 당국의 관심과 적극적인 홍보를 통해 해결할 수 있는 문제가 아닐까요?
찬성 2 : 물론 그렇습니다. 그런데 한식의 표준화가 이루어져 있다면 정부의 홍보도 훨씬 쉬워질 것입니다.

반대 2 : 표준화가 되어 있지 않아도 외국에서 큰 호응을 얻고 있는 한식당들이 최근 점점 늘어가고 있습니다. 이런 추세를 감안할 때, 한식의 표준화가 한식의 세계화를 위해 꼭 필요한 것은 아니라고 생각합니다. 인도는 카레로 유명한 나라지만 표준화된 인도식 카레 같은 것은 없지 않습니까? 그리고 음식의 표준을 정한다는 것도 현실적으로 가능한 것인지 모르겠습니다. 세계인들의 입맛은 우리와 다르고 또 다양할 텐데 한식을 표준화하는 것은 오히려 한식의 세계화를 어렵게 할 수 있습니다.

① '찬성 1'은 한식 조리법의 특성과 최근의 부정적 상황을 논거로 제시하고 있다.
② '반대 1'은 한식의 표준화가 초래할 수 있는 부작용을 논거로 제시하고 있다.
③ '찬성 2'는 한식의 표준화가 여러 대안들 중 최선의 선택이라는 점을 부각하고 있다.
④ '반대 2'는 현황과 사례를 들어 한식의 표준화가 필요하지 않다는 논지를 강화하고 있다.
⑤ '반대 1'은 한식의 표준화가 한식의 정체성을 훼손할 것이라고 주장하고 있다.


**12.** 다음 주어진 문장이 참이라 할 때, 항상 참이 되는 말은?

- 무한도전을 좋아하는 사람은 런닝맨도 좋아한다.
- 유재석을 좋아하는 사람은 무한도전도 좋아한다.
- 런닝맨을 좋아하는 사람은 하하를 좋아한다.

① 런닝맨을 좋아하는 사람은 무한도전도 좋아한다.
② 하하를 좋아하는 사람은 런닝맨도 좋아한다.
③ 무한도전을 좋아하지 않는 사람은 런닝맨도 좋아하지 않는다.
④ 하하를 좋아하지 않는 사람은 무한도전도 좋아하지 않는다.
⑤ 유재석을 좋아하는 사람은 하하를 좋아하지 않는다.

**13.** 함께 여가를 보내려는 A, B, C, D, E 다섯 사람의 자리를 원형 탁자에 배정하려고 한다. 다음 글을 보고 옳은 것을 고르면?

- A 옆에는 반드시 C가 앉아야 된다.
- D의 맞은편에는 A가 앉아야 된다.
- 여가시간을 보내는 방법은 책읽기, 수영, 영화 관람이다.
- C와 E는 취미생활을 둘이서 같이 해야 한다.
- B와 C는 취미가 같다.

① A의 오른편에는 B가 앉아야 한다.

② B가 책읽기를 좋아한다면 E도 여가 시간을 책읽기로 보낸다.

③ B는 E의 옆에 앉아야 한다.

④ A와 D 사이에 C가 앉아있다.

⑤ D는 영화 관람을 하며 여가시간을 보낸다.

**14.** 다음 글과 〈법조문〉을 근거로 판단할 때, 甲이 乙에게 2,000만 원을 1년간 빌려주면서 선이자로 800만 원을 공제하고 1,200만 원만을 준 경우, 乙이 갚기로 한 날짜에 甲에게 전부 변제하여야 할 금액은?

돈이나 물품 등을 빌려 쓴 사람이 돈이나 같은 종류의 물품을 같은 양만큼 갚기로 하는 계약을 소비대차라 한다. 소비대차는 이자를 지불하기로 약정할 수 있고, 그 이자는 일정한 이율에 의하여 계산한다. 이런 이자는 돈을 빌려주면서 먼저 공제할 수도 있는데, 이를 선이자라 한다. 한편 약정 이자의 상한에는 법률상의 제한이 있다.

〈법조문〉

제00조

① 금전소비대차에 관한 계약상의 최고이자율은 연 30%로 한다.

② 계약상의 이자로서 제1항에서 정한 최고이자율을 초과하는 부분은 무효로 한다.

③ 약정금액(당초 빌려주기로 한 금액)에서 선이자를 사전공제한 경우, 그 공제액이 '채무자가 실제 수령한 금액'을 기준으로 하여 제1항에서 정한 최고이자율에 따라 계산한 금액을 초과하면 그 초과부분은 약정금액의 일부를 변제한 것으로 본다.

① 760만 원  ② 1,000만 원

③ 1,560만 원  ④ 1,640만 원

⑤ 1,720만 원

**15.** 다음은 정부에서 지원하는 〈귀농인 주택시설 개선사업 개요〉와 〈심사 기초 자료〉이다. 이를 근거로 판단할 때, 지원대상 가구만을 모두 고르면?

〈귀농인 주택시설 개선사업 개요〉

□ 사업목적 : 귀농인의 안정적인 정착을 도모하기 위해 일정 기준을 충족하는 귀농가구의 주택 개·보수 비용을 지원

□ 신청자격 : △△군에 소재하는 귀농가구 중 거주기간이 신청마감일(2014. 4. 30.) 현재 전입일부터 6개월 이상이고, 가구주의 연령이 20세 이상 60세 이하인 가구

□ 심사기준 및 점수 산정방식

• 신청마감일 기준으로 다음 심사기준별 점수를 합산한다.

• 심사기준별 점수

(1) 거주기간 : 10점(3년 이상), 8점(2년 이상 3년 미만), 6점(1년 이상 2년 미만), 4점(6개월 이상 1년 미만)

※ 거주기간은 전입일부터 기산한다.

(2) 가족 수 : 10점(4명 이상), 8점(3명), 6점(2명), 4점(1명)

※ 가족 수에는 가구주가 포함된 것으로 본다.

(3) 영농규모 : 10점(1.0 ha 이상), 8점(0.5 ha 이상 1.0 ha 미만), 6점(0.3 ha 이상 0.5 ha 미만), 4점(0.3 ha 미만)

(4) 주택노후도 : 10점(20년 이상), 8점(15년 이상 20년 미만), 6점(10년 이상 15년 미만), 4점(5년 이상 10년 미만)

(5) 사업시급성 : 10점(매우 시급), 7점(시급), 4점(보통)

□ 지원내용

• 예산액 : 5,000,000원

• 지원액 : 가구당 2,500,000원

• 지원대상 : 심사기준별 점수의 총점이 높은 순으로 2가구. 총점이 동점일 경우 가구주의 연령이 높은 가구를 지원. 단, 하나의 읍·면당 1가구만 지원 가능

〈심사 기초 자료(2014. 4. 30. 현재)〉

| 귀농가구 | 가구주 연령(세) | 주소지(△△군) | 전입일 | 가족 수(명) | 영농규모(ha) | 주택 노후도(년) | 사업 시급성 |
|---|---|---|---|---|---|---|---|
| 甲 | 49 | A | 2010. 12. 30 | 1 | 0.2 | 17 | 매우 시급 |
| 乙 | 48 | B | 2013. 5. 30 | 3 | 1.0 | 13 | 매우 시급 |
| 丙 | 56 | B | 2012. 7. 30 | 2 | 0.6 | 23 | 매우 시급 |
| 丁 | 60 | C | 2013. 12. 30 | 4 | 0.4 | 13 | 시급 |
| 戊 | 33 | D | 2011. 9. 30 | 2 | 1.2 | 19 | 보통 |

① 甲, 乙  ② 甲, 丙

③ 乙, 丙  ④ 乙, 丁

⑤ 丙, 戊

**16.** 다음과 같이 세 개의 시계의 시각 변화를 보고 네 번째 시계에 ( ) 안에 들어갈 알맞은 시각은?

| 11 : 45 | 9 : 35 | 7 : 25 | ( ) |

① 4 : 15　　　　　　② 4 : 55

③ 5 : 15　　　　　　④ 5 : 55

⑤ 6 : 15

**17.** 민수와 동기 두 사람이 다음과 같이 게임을 하고 있다. 만약 같은 수의 앞면이 나오면 동기가 이긴다고 할 때 민수가 이길 수 있는 확률은 얼마인가?

- 민수는 10개의 동전을 던진다.
- 동기는 11개의 동전을 민수와 동시에 던진다.
- 민수가 동기보다 앞면의 개수가 많이 나오면 민수가 이긴다.
- 그렇지 않으면 동기가 이긴다.

① 10%　　　　　　② 25%

③ 50%　　　　　　④ 75%

⑤ 90%

**18.** 아래 표는 어떤 보험 회사에 하루 동안 청구되는 보상 건수와 확률이다. 이틀 연속으로 청구된 보상 건수의 합이 2건 미만일 확률은? (단, 첫째 날과 둘째 날에 청구되는 보상건수는 서로 무관하다.)

| 보상 건수 | 0 | 1 | 2 | 3 이상 |
|---|---|---|---|---|
| 확률 | 0.4 | 0.3 | 0.2 | 0.1 |

① 0.4　　　　　　② 0.5

③ 0.6　　　　　　④ 0.7

⑤ 0.8

**19.** 어느 학교에서 500명의 학생들을 대상으로 A, B, C 3가지의 시험을 시행하여 다음과 같은 결과를 얻었다. A, B, C 시험에 모두 불합격한 학생은 몇 명인가?

- A의 합격자는 110명, B의 불합격자는 250명, C의 합격자는 200명이다.
- A와 C 모두에 합격한 학생은 45명, B와 C 모두에 합격한 학생은 60명이다.
- B에만 합격한 학생은 90명이다.
- 3가지 시험 모두에 합격한 학생은 30명이다.

① 140명　　　　　　② 145명

③ 150명　　　　　　④ 155명

⑤ 160명

**20.** (주)서원산업은 신제품을 개발한 후 가격을 결정하기 위하여 시장조사를 하여 다음과 같은 결과를 얻었다. 이 결과를 감안할 때 판매 총액이 최대가 되는 신제품의 가격은 얼마인가?

- 가격을 10만 원으로 하면 총 360대가 팔린다.
- 가격을 1만 원 올릴 때마다 판매량은 20대씩 줄어든다.

① 11만 원　　　　　　② 12만 원

③ 13만 원　　　　　　④ 14만 원

⑤ 15만 원

**21.** 다음은 2017년 ○○시 '가'~'다' 지역의 아파트 실거래 가격지수를 나타낸 것이다. 이에 대한 설명으로 옳은 것은?

| 월 \ 지역 | 가 | 나 | 다 |
|---|---|---|---|
| 1 | 100.0 | 100.0 | 100.0 |
| 2 | 101.1 | 101.6 | 99.9 |
| 3 | 101.9 | 103.2 | 100.0 |
| 4 | 102.6 | 104.5 | 99.8 |
| 5 | 103.0 | 105.5 | 99.6 |
| 6 | 103.8 | 106.1 | 100.6 |
| 7 | 104.0 | 106.6 | 100.4 |
| 8 | 105.1 | 108.3 | 101.3 |
| 9 | 106.3 | 110.7 | 101.9 |
| 10 | 110.0 | 116.9 | 102.4 |
| 11 | 113.7 | 123.2 | 103.0 |
| 12 | 114.8 | 126.3 | 102.6 |

※ $N$월 아파트 실거래 가격지수

$$= \frac{\text{해당 지역의 } N\text{월 아파트 실거개 가격}}{\text{해당 지역의 1월 아파트 실거래 가격}} \times 100$$

① '가' 지역의 12월 아파트 실거래 가격은 '다' 지역의 12월 아파트 실거래 가격보다 높다.

② '나' 지역의 아파트 실거래 가격은 다른 두 지역의 아파트 실거래 가격보다 매월 높다.

③ '다' 지역의 1월 아파트 실거래 가격과 3월 아파트 실거래 가격은 같다.

④ '가' 지역의 1월 아파트 실거래 가격이 1억 원이라면 '가' 지역의 7월 아파트 실거래 가격은 1억 4천만 원이다.

⑤ '다' 지역의 1/4분기 아파트 실거래 가격은 4/4분기 아파트 실거래 가격보다 높다.

---

**| 22~23 |** 다음 자료를 보고 이어지는 물음에 답하시오.

⟨65세 이상 노인인구 대비 기초 (노령)연금 수급자 현황⟩

(단위 : 명, %)

| 연도 | 65세 이상 노인인구 | 기초(노령) 연금수급자 | 국민연금 동시 수급자 |
|---|---|---|---|
| 2009 | 5,267,708 | 3,630,147 | 719,030 |
| 2010 | 5,506,352 | 3,727,940 | 823,218 |
| 2011 | 5,700,972 | 3,818,186 | 915,543 |
| 2012 | 5,980,060 | 3,933,095 | 1,023,457 |
| 2013 | 6,250,986 | 4,065,672 | 1,138,726 |
| 2014 | 6,520,607 | 4,353,482 | 1,323,226 |
| 2015 | 6,771,214 | 4,495,183 | 1,444,286 |
| 2016 | 6,987,489 | 4,581,406 | 1,541,216 |

⟨가구유형별 기초연금 수급자 현황(2016년)⟩

(단위 : 명, %)

| 65세 이상 노인 수 | 수급자 수 | | | | | 수급률 |
|---|---|---|---|---|---|---|
| | 계 | 단독가구 | 부부가구 | | | |
| | | | 소계 | 1인수급 | 2인수급 | |
| 6,987,489 | 4,581,406 | 2,351,026 | 2,230,380 | 380,302 | 1,850,078 | 65.6 |

---

**22.** 위 자료를 참고할 때, 2009년 대비 2016년의 기초연금 수급률 증감률은 얼마인가? (백분율은 반올림하여 소수 첫째 자리까지만 표시함)

① -2.7%  ② -3.2%

③ -3.6%  ④ -4.2%

⑤ -4.8%

---

**23.** 다음 중 위의 자료를 올바르게 분석한 것이 아닌 것은?

① 기초연금 수급자 대비 국민연금 동시 수급자의 비율은 2009년 대비 2016년에 증가하였다.

② 기초연금 수급률은 65세 이상 노인 수 대비 수급자의 비율이다.

③ 2016년 단독가구 수급자는 전체 수급자의 50%가 넘는다.

④ 2009년 대비 2016년의 65세 이상 노인인구 증가율보다 기초연금수급자의 증가율이 더 낮다.

⑤ 2016년 1인 수급자는 전체 기초연금 수급자의 약 17%에 해당한다.

**24.** 공무원연금공단은 다음 기준에 따라 사망조위금을 지급하고 있다. 기준을 근거로 판단할 때 옳게 판단한 직원을 모두 고르면? (단, 사망조위금은 최우선 순위의 수급권자 1인에게만 지급한다)

〈사망조위금 지급기준〉

| 사망자 | 수급권자 순위 | |
|---|---|---|
| 공무원의 배우자·부모 (배우자의 부모 포함)·자녀 | 해당 공무원이 1인인 경우 | 해당 공무원 |
| | 해당 공무원이 2인 이상인 경우 | 1. 사망한 자의 배우자인 공무원<br>2. 사망한 자를 부양하던 직계비속인 공무원<br>3. 사망한 자의 최근친 직계비속인 공무원 중 최연장자<br>4. 사망한 자의 최근친 직계비속의 배우자인 공무원 중 최연장자 직계비속의 배우자인 공무원 |
| 공무원 본인 | 1. 사망한 공무원의 배우자<br>2. 사망한 공무원의 직계비속 중 공무원<br>3. 장례와 제사를 모시는 자 중 아래의 순위<br>　가. 사망한 공무원의 최근친 직계비속 중 최연장자<br>　나. 사망한 공무원의 최근친 직계존속 중 최연장자<br>　다. 사망한 공무원의 형제자매 중 최연장자 | |

甲 : A와 B는 비(非)공무원 부부이며 공무원 C(37세)와 공무원 D(32세)를 자녀로 두고 있다. 공무원 D가 부모님을 부양하던 상황에서 A가 사망하였다면, 사망조위금 최우선 순위 수급권자는 D이다.

乙 : A와 B는 공무원 부부로 비공무원 C를 아들로 두고 있으며, 공무원 D는 C의 아내이다. 만약 C가 사망하였다면, 사망조위금 최우선 순위 수급권자는 A이다.

병 : 공무원 A와 비공무원 B는 부부이며 비공무원 C(37세)와 비공무원 D(32세)를 자녀로 두고 있다. A가 사망하고 C와 D가 장례와 제사를 모시는 경우, 사망조위금 최우선 순위 수급권자는 C이다.

① 甲
② 乙
③ 丙
④ 甲, 乙
⑤ 甲, 丙

**25.** 다음은 2008~2017년 5개 자연재해 유형별 피해금액에 관한 자료이다. 이에 대한 설명으로 옳은 것만을 모두 고른 것은?

5개 자연재해 유형별 피해금액

(단위 : 억 원)

| 연도<br>유형 | 2008 | 2009 | 2010 | 2011 | 2012 | 2013 | 2014 | 2015 | 2016 | 2017 |
|---|---|---|---|---|---|---|---|---|---|---|
| 태풍 | 3,416 | 1,385 | 118 | 1,609 | 9 | 0 | 1,725 | 2,183 | 8,765 | 17 |
| 호우 | 2,150 | 3,520 | 19,063 | 435 | 581 | 2,549 | 1,808 | 5,276 | 384 | 1,581 |
| 대설 | 6,739 | 5,500 | 52 | 74 | 36 | 128 | 663 | 480 | 204 | 113 |
| 강풍 | 0 | 93 | 140 | 69 | 11 | 70 | 2 | 0 | 267 | 9 |
| 풍랑 | 0 | 0 | 57 | 331 | 0 | 241 | 70 | 3 | 0 | 0 |
| 전체 | 12,305 | 10,498 | 19,430 | 2,518 | 637 | 2,988 | 4,268 | 7,942 | 9,620 | 1,720 |

㉠ 2008~2017년 강풍 피해금액 합계는 풍랑 피해금액 합계보다 적다.

㉡ 2016년 태풍 피해금액은 2016년 5개 자연재해 유형 전체 피해금액의 90% 이상이다.

㉢ 피해금액이 매년 10억 원보다 큰 자연재해 유형은 호우뿐이다.

㉣ 피해금액이 큰 자연재해 유형부터 순서대로 나열하면 2014년과 2015년의 순서는 동일하다.

① ㉠㉡
② ㉠㉢
③ ㉢㉣
④ ㉠㉡㉣
⑤ ㉡㉢㉣

**26.** 다음은 ○○발전회사의 연도별 발전량 및 신재생에너지 공급현황에 대한 자료이다. 이에 대한 설명으로 옳은 것만을 바르게 짝지은 것은?

○○발전회사의 연도별 발전량 및 신재생에너지 공급 현황

| 구분 \ 연도 | | 2015 | 2016 | 2017 |
|---|---|---|---|---|
| 발전량(GWh) | | 55,000 | 51,000 | 52,000 |
| 신재생<br>에너지 | 공급의무율(%) | 1.4 | 2.0 | 3.0 |
| | 자체공급량(GWh) | 75 | 380 | 690 |
| | 인증서구입량(GWh) | 15 | 70 | 160 |

※ 공급의무율 $= \dfrac{공급의무량}{발전량} \times 100$

※ 이행량(GWh) = 자체공급량 + 인증서구입량

⊙ 공급의무량은 매년 증가한다.
ⓒ 2015년 대비 2017년 가제공급량의 증가율은 2015년 대비 2017년 인증서구입량의 증가율보다 작다.
ⓒ 공급의무량과 이행량의 차이는 매년 증가한다.
ⓔ 이행량에서 자체공급량이 차지하는 비중은 매년 감소한다.

① ⊙ⓒ
② ⊙ⓒ
③ ⓒⓔ
④ ⊙ⓒⓔ
⑤ ⓒⓒⓔ

**27.** 다음은 마야의 상형 문자를 기반으로 한 프로그램에 대한 설명이다. 제시된 (그림 4)가 산출되기 위해서 입력한 값은 얼마인가?

현재 우리는 기본수로 10을 사용하는 데 비해 이 프로그램은 마야의 상형 문자를 기본으로 하여 기본수로 20을 사용했습니다. 또 우리가 오른쪽에서 왼쪽으로 가면서 1, 10, 100으로 10배씩 증가하는 기수법을 쓰는 데 비해, 이 프로그램은 아래에서 위로 올라가면서 20배씩 증가하는 방법을 사용했습니다. 즉, 아래에서 위로 자리가 올라갈수록 1, 20, ……, 이런 식으로 증가하는 것입니다.

마야의 상형 문자에서 조개껍데기 모양은 0을 나타냅니다. 또한 점으로는 1을, 선으로는 5를 나타냈습니다. 아래의 (그림 1), (그림 2)는 이 프로그램에 0과 7을 입력했을 때 산출되는 결과입니다. 그럼 (그림 3)의 결과를 얻기 위해서는 얼마를 입력해야 할까요? 첫째 자리는 5를 나타내는 선이 두 개 있으니 10이 되겠고, 둘째 자리에 있는 점 하나는 20을 나타내는데, 점이 두 개 있으니 40이 되겠네요. 그래서 첫째 자리의 10과 둘째 자리의 40을 합하면 50이 되는 것입니다. 즉, 50을 입력하면 (그림 3)과 같은 결과를 얻을 수 있습니다.

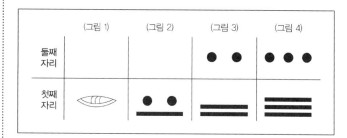

① 60
② 75
③ 90
④ 105
⑤ 110

**28.** 다음 표는 지역별 대형마트 수의 증감에 대한 자료이다. 2011년 대형마트 수가 가장 많은 지역과 가장 적은 지역을 바르게 짝지은 것은?

(단위 : %, 개)

| 지역 | 11년 대비<br>12년 증감률 | 12년 대비<br>13년 증감수 | 13년 대비<br>14년 증감수 | 14년<br>대형마트 수 |
|---|---|---|---|---|
| A | 12 | 1 | −1 | 15 |
| B | 15 | 0 | −1 | 10 |
| C | −10 | 1 | −3 | 6 |
| D | −14 | −3 | 2 | 6 |

※ 2011년 대비 2012년 증감률은 소수점 아래 첫째 자리에서 반올림한 값임.

| | 가장 많은 지역 | 가장 적은 지역 |
|---|---|---|
| ① | A | B |
| ② | B | C |
| ③ | C | A |
| ④ | A | D |
| ⑤ | B | D |

**29.** 다음은 고객 A, B의 금융 상품 보유 현황을 나타낸 것이다. 이에 대한 설명으로 옳은 것만을 모두 고른 것은?

(단위 : 백만 원)

| 상품＼고객 | 보통예금 | 정기적금 | 연금보험(채권형) | 주식 | 수익증권(주식형) |
|---|---|---|---|---|---|
| A | 5 | 10 | 6 | 6 | 4 |
| B | 9 | 9 | 5 | 6 | 4 |

> ㉠ 고객 A는 B보다 요구불 예금의 금액이 더 작다.
> ㉡ 고객 B는 배당수익보다 이자수익을 받을 수 있는 금융 상품의 금액이 크다.
> ㉢ 고객 B는 A보다 자산운용회사에 위탁한 금융 상품의 금액이 더 크다.

① ㉠　　　　　　　　　　② ㉢

③ ㉠㉡　　　　　　　　　④ ㉡㉢

⑤ ㉠㉡㉢

**30.** 甲공단에 근무하는 乙은 빈곤과 저출산 문제를 해결하기 위한 대안을 분석 중이다. 상황이 다음과 같을 때, 대안별 월 소요 예산 규모를 비교한 것으로 옳은 것은?

> ◈ 현재 상황
> • 전체 1,500가구는 자녀 수에 따라 네 가지 유형으로 구분할 수 있는데, 그 구성은 무자녀 가구 300가구, 한 자녀 가구 600가구, 두 자녀 가구 500가구, 세 자녀 이상 가구 100가구이다.
> • 전체 가구의 월 평균 소득은 200만 원이다.
> • 각 가구 유형의 30%는 맞벌이 가구이다.
> • 각 가구 유형의 20%는 빈곤 가구이다.
> ◈ 대안
> A안 : 모든 빈곤 가구에게 전체 가구 월 평균 소득의 25%에 해당하는 금액을 가구당 매월 지급한다.
> B안 : 한 자녀 가구에는 10만 원, 두 자녀 가구에는 20만 원, 세 자녀 이상 가구에는 30만 원을 가구당 매월 지급한다.
> C안 : 자녀가 있는 모든 맞벌이 가구에 자녀 1명당 30만 원을 매월 지급한다. 다만 세 자녀 이상의 맞벌이 가구에는 일률적으로 가구당 100만 원을 매월 지급한다.

① A < B < C　　　　　② A < C < B

③ B < A < C　　　　　④ B < C < A

⑤ C < A < B

**31.** 작업 A부터 작업 E까지 모두 완료해야 끝나는 업무에 대한 조건이 다음과 같을 때 옳지 않은 것은? (단, 모든 작업은 동일 작업장 내에서 행하여진다)

> ㉠ 작업 A는 4명의 인원과 10일의 기간이 소요된다.
> ㉡ 작업 B는 2명의 인원과 20일의 기간이 소요되며, 작업 A가 끝난 후에 시작할 수 있다.
> ㉢ 작업 C는 4명의 인원과 50일의 기간이 소요된다.
> ㉣ 작업 D와 E는 각 작업 당 2명의 인원과 20일의 기간이 소요되며, 작업 E는 작업 D가 끝난 후에 시작할 수 있다.
> ㉤ 모든 인력은 작업 A~E까지 모두 동원될 수 있으며 생산력은 모두 같다.
> ㉥ 인건비는 1인당 1일 10만 원이다.
> ㉦ 작업장 사용료는 1일 50만 원이다.

① 업무를 가장 빨리 끝낼 수 있는 최단 기간은 50일이다.

② 최단 기간에 업무를 끝내기 위해 필요한 최소 인력은 10명이다.

③ 작업 가능한 인력이 4명뿐이라면 업무를 끝낼 수 있는 기간은 100일이다.

④ 모든 작업을 끝내는데 드는 최소 비용은 6,100만 원이다.

⑤ 모든 작업을 끝내는 데 드는 최소 비용 중 인건비는 작업장 사용료보다 더 많다.

**32.** 부모를 대상으로 부모 – 자녀 간 대화의 실태를 조사하고자 한다. 아래 설문지에 추가해야 할 문항으로 가장 적절한 것은?

> • 일주일에 자녀와 몇 번 대화를 하십니까?
> • 자녀와 부모님 중 누가 먼저 대화를 시작하십니까?
> • 자녀와의 정서적 대화가 얼마나 중요하다고 생각하십니까?
> • 직접 대화 외에 다른 대화 방법(예 이메일, 편지 등)을 활용하십니까?

① 선호하는 대화의 장소는 어디입니까?

② 우울하십니까?

③ 직장에 다니십니까?

④ 자녀와 하루에 대화하는 시간은 어느 정도입니까?

⑤ 자녀의 생일을 알고 계십니까?

**33.** 다음 글의 내용과 거리가 먼 것은?

> 최근 아이들의 급격한 시력저하를 걱정하는 부모들이 늘고 있다. 초중고생은 물론이며 이제 유치원생까지 안경을 써야 할 정도로 시력이 나빠지고 있는 추세이다. 국민건강보험공단에 따르면 2002년~2009년 7년 사이에 19세 이하 아동·청소년 근시 환자는 약 55만 4,642명(2002년)에서 약 87만 6,950명(2009년)으로 58.1% 포인트나 증가했다. 선진국보다 다섯 배나 많은 수치다. 아이뿐 아니라 성인도 눈에 피로를 방치하면 안구건조증 같은 안구질환에 걸리기 쉽게 된다. 실제로 오랫동안 스마트폰이나 모니터를 보면서 일하는 직장인 중 안구건조증으로 고생하는 사람이 많다. 하루 4시간 넘게 게임을 즐기는 청소년 역시 안구건조증으로 병원을 찾는다.

① 오랫동안 스마트폰이나 모니터를 보면서 일하는 성인들도 안구건조증이 나타난다.

② 우리나라 아동·청소년의 근시 비율이 선진국에 비해 월등히 높다.

③ 선진국일수록 아동·청소년의 근시 비율이 높다.

④ 2002년에 비해 2009년의 아동·청소년 근시 환자가 약 32만 명 더 많다.

⑤ 눈에 피로를 방치할 경우 안구질환에 걸리기 쉽다.

**34.** 다음에 해당하는 언어의 기능은?

> 이 기능은 우리가 세계를 이해하는 정도에 비례하여 수행된다. 그러면 세계를 이해한다는 것은 무엇인가? 그것은 이 세상에 존재하는 사물에 대하여 이름을 부여함으로써 발생하는 것이다. 여기 한 그루의 나무가 있다고 하자. 그런데 그것을 나무라는 이름으로 부르지 않는 한 그것은 나무로서의 행세를 못한다. 인류의 지식이라는 것은 인류가 깨달아 알게 되는 모든 대상에 대하여 이름을 붙이는 작업에서 형성되는 것이라고 말해도 좋다. 어떤 사물이건 거기에 이름이 붙으면 그 사물의 개념이 형성된다. 다시 말하면, 그 사물의 의미가 확정된다. 그러므로 우리가 쓰고 있는 언어는 모두가 사물을 대상화하여 그것에 의미를 부여하는 이름이라고 할 수 있다.

① 정보적 기능  　　② 친교적 기능

③ 명령적 기능  　　④ 관어적 기능

⑤ 표현적 기능

**35.** 다음의 글을 읽고 박 대리가 저지른 실수를 바르게 이해한 것은?

> 직장인 박 대리는 매주 열리는 기획회의에서 처음으로 발표를 할 기회를 얻었다. 박 대리는 자신이 할 수 있는 문장실력을 총 동원하여 4페이지의 기획안을 작성하였다. 기획회의가 열리고 박 대리는 기획안을 당당하게 읽기 시작하였다. 2페이지를 막 읽으려던 때, 부장이 한 마디를 했다. "박 대리, 그걸 전부 읽을 셈인가? 결론이 무엇인지만 말하지." 그러자 박 대리는 자신이 작성한 기획안을 전부 발표하지 못하고 중도에 대충 결론을 맺어 발표를 마무리하게 되었다.

① 박 대리의 기획안에는 첨부파일이 없었다.

② 박 대리의 발표는 너무 시간이 길었다.

③ 박 대리의 기획안에는 참신한 아이디어가 없었다.

④ 박 대리의 발표는 간결하지 못하고 시각적인 부분이 부족했다.

⑤ 박대리의 문장실력이 출중하지 못했다.

**|36~37|** 다음 글을 읽고 물음에 답하시오.

> (가) 바야흐로 "21세기는 문화의 세기가 될 것이다."라는 전망과 주장은 단순한 바람의 차원을 넘어서 보편적 현상으로 인식되고 있다. 이러한 현상은 세계 질서가 유형의 자원이 힘이 되었던 산업사회에서 눈에 보이지 않는 무형의 지식과 정보가 경쟁력의 원천이 되는 지식 정보 사회로 재편되는 것과 맥을 같이 한다.
>
> (나) 지금까지의 산업사회에서 문화와 경제는 각각 독자적인 영역을 유지해 왔다. 그러나 지식정보사회에서는 경제성장에 따라 소득 수준이 향상되고 교육 기회가 확대되면서 물질적 풍요를 뛰어넘는 삶의 질을 고민하게 되었고, 모든 재화와 서비스를 선택할 때 기능성을 능가하는 문화적, 미적 가치를 고려하게 되었다.
>
> (다) 이제 문화는 배부른 자나 유한계급의 전유물이 아니라 생활 그 자체가 되었다. 고급문화와 대중문화의 경계가 무너지고 장르 간 구분이 모호해지면서 서로 다른 문화가 뒤섞여 새로운 문화가 생겨나고 있다. 이렇게 해서 나타나는 퓨전 문화가 대중적 관심을 끌고 있는 가운데 이율배반적인 것처럼 보였던 문화와 경제의 공생 시대가 열린 것이다.
>
> (라) 특히 경제적 측면에서 문화는 고전 경제학에서 말하는 생산의 3대 요소인 토지·노동·자본을 대체하는 생산 요소가 되었을 뿐만 아니라 경제적 자본 이상의 주요한 자본이 되고 있다.

**36.** 주어진 글의 내용과 일치하지 않는 것은?

① 문화와 경제가 서로 도움이 되는 보완적 기능을 하는 공생 시대가 열렸다.

② 산업사회에서 문화와 경제는 각각 독자적인 영역을 유지해 왔다.

③ 이제 문화는 부유층의 전유물이 아니라 생활 그 자체가 되었다.

④ 경제적 측면에서 문화는 생산 요소이며 주요한 자본이 되고 있다.

⑤ 고급문화와 대중문화가 각자의 영역을 확고히 굳히며 그 깊이를 더하고 있다.

**37.** 주어진 글의 흐름에서 볼 때 아래의 글이 들어갈 적절한 곳은?

> 뿐만 아니라 정보통신이 급격하게 발달함에 따라 세계 각국의 다양한 문화를 보다 빠르게 수용하면서 문화적 욕구와 소비를 가속화시켰고, 그 상황 속에서 문화와 경제는 서로 도움이 되는 보완적 기능을 하게 되었다.

① ㈎ 앞                  ② ㈎와 ㈏ 사이

③ ㈏와 ㈐ 사이          ④ ㈐와 ㈑ 사이

⑤ ㈑ 다음

**38.** 다음과 같이 상사 앞으로 팩스 전송된 심포지엄 초청장을 수령하였다. 상사는 현재 출장 중이며 5월 29일 귀국 예정이다. 부하직원의 대처로서 가장 적절하지 않은 것은?

> 1. 일시 : 2012년 5월 31일(목) 13:30-17:00
> 2. 장소 : 미래연구소 5층 회의실
> 3. 기타 : 회원(150,000원) / 비회원(200,000원)
> 4. 발표주제 : 지식경영의 주체별 역할과 대응방향
>     A. 국가 : 지식국가로 가는 길(미래 연구소 류상영 실장)
>     B. 기업 : 한국기업 지식경영모델(S연수원 김영수 이사)
>     C. 지식인의 역할과 육성방안(S연수원 황철 이사)
> 5. 문의 및 연락처 : 송수현 대리(전화 02-3780-8025)

① 상사의 일정가능여부 확인 후 출장 중에 있는 상사에게 간략하게 심포지엄 내용을 보고한다.

② 선임 대리에게 연락하여 참여인원 제한여부 등 관련 정보를 수집한다.

③ 상사가 이미 5월 31일 다른 일정이 있으므로 선임 대리에게 상사가 참석 불가능하다는 것을 알린다.

④ 상사에게 대리참석여부를 확인하여 관련자에게 상사의 의사가 전달될 수 있도록 한다.

⑤ 상사가 귀국한 후 확인할 수 있도록 심포지엄 발표주제와 관련된 자료를 정리해 놓는다.

**39.** 다음은 늘푸른 테니스회 모임의 회원명단이다. 적당한 분류법에 대한 설명 중 가장 적절한 것은?

> | | | | | |
> |---|---|---|---|---|
> | 금철영 | 손영자 | 한미숙 | 정민주 | 허민홍 |
> | 김상진 | 나영주 | 채진경 | 박일주 | 송나혜 |
> | 남미영 | 송진주 | 이기동 | 임창주 | 이종하 |
> | 백승일 | 하민영 | 박종철 | 강철민 | 고대진 |

① 남녀 구분한 후 명칭별로 정리하여 색인 카드가 필요하다.

② 지역별로 분류한 다음에 명칭별로 구분하여 장소에 따른 문서의 집합이 가능하다.

③ 명칭별 분류에 따라 정리하여 색인이 불필요하다.

④ 주민등록번호별 정리방법을 이용하여 회원의 보안성을 유지하도록 한다.

⑤ 가입한 날짜순으로 정리하여 회원별 가입기간의 확인이 가능하다.

**40.** 직업이 각기 다른 A, B, C, D 네 사람이 여행을 떠나기 위해 기차의 한 차 안에 앉아 있다. 네 사람은 모두 색깔이 다른 옷을 입었고 두 사람씩 얼굴을 마주하고 앉아 있다. 그 중 두 사람은 창문 쪽에, 나머지 두 사람은 통로 쪽에 앉아 있으며 다음과 같은 사실들을 알고 있다. 다음에서 이 모임의 회장과 부회장의 직업을 순서대로 바르게 짝지은 것은?

> (ㄱ) 경찰은 B의 왼쪽에 앉아 있다.
> (ㄴ) A는 파란색 옷을 입고 있다.
> (ㄷ) 검은색 옷을 입고 있는 사람은 의사의 오른쪽에 앉아 있다.
> (ㄹ) D의 맞은편에 외교관이 앉아 있다.
> (ㅁ) 선생님은 초록색 옷을 입고 있다.
> (ㅂ) 경찰은 창가에 앉아 있다.
> (ㅅ) 갈색 옷을 입은 사람이 모임 회장이며, 파란색 옷을 입은 사람이 부회장이다.
> (ㅇ) C와 D는 서로 마주보고 앉아있다.

① 회장 – 의사 　　　　　　　부회장 – 외교관
② 회장 – 의사 　　　　　　　부회장 – 경찰
③ 회장 – 경찰 　　　　　　　부회장 – 의사
④ 회장 – 외교관 　　　　　　부회장 – 선생님
⑤ 회장 – 외교관 　　　　　　부회장 – 의사

**41.** 민희는 ㈜□□의 입사 5년차 대리이다. 회사에서 직원들과 함께 서울—강릉 KTX를 이용해 워크숍 장소에 도착했다. 잠시 일정을 체크하던 중 민희는 휴대폰 날씨를 검색하게 되었다. 현재 민희가 보고 있는 휴대폰 날씨 정보에 대한 검색 내용을 기반으로 서술된 내용 중 가장 바르지 않은 것을 고르면? (워크숍 일정 : 5/28~5/30일, 워크숍 장소 도착시간 : 5월 28일 오후 3시 기준)

① 민희는 현재 휴대폰 날씨를 시간별 예보로 설정해서 보고 있다.
② 민희가 날씨 정보를 검색하고 있는 현재 시간의 온도는 26.4℃이며 맑은 상태를 보이고 있다.
③ 워크숍 첫날인 28일 밤 9시에는 폭설이 예상된다.
④ 민희가 날씨 정보를 검색하고 있는 현재 상태에서 비가 내리지 않음을 알 수 있다.
⑤ 현재 제시된 화면에서는 워크숍 마지막 날의 날씨는 알 수 없다.

NS그룹의 오대리는 상사로부터 스마트폰 신상품에 대한 기획안을 제출하라는 업무를 받았다. 이에 오대리는 먼저 기획안을 작성하기 위해 필요한 정보가 무엇인지 생각을 하였는데 이번에 개발하고자 하는 신상품이 노년층을 주 고객층으로 한 실용적이면서도 조작이 간편한 제품이기 때문에 우선 50~60대의 취향을 파악할 필요가 있었다. 따라서 오대리는 50~60대 고객들이 현재 사용하고 있는 스마트폰의 모델과 좋아하는 디자인, 사용하면서 불편해 하는 사항, 지불 가능한 액수 등에 대한 정보가 필요함을 깨달았고 이러한 정보는 사내에 저장된 고객정보를 통해 얻을 수 있음을 인식하였다. 오대리는 다음 주까지 기획안을 작성하여 제출해야 하기 때문에 이번 주에 모든 정보를 수집하기로 마음먹었고 기획안 작성을 위해서는 방대한 고객정보 중에서도 특히 노년층에 대한 정보만 선별할 필요가 있었다. 이렇게 사내에 저장된 고객정보를 이용할 경우 따로 정보 수집으로 인한 비용이 들지 않는다는 사실도 오대리에게는 장점으로 작용하였다. 여기까지 생각이 미치자 오대리는 고객정보를 얻기 위해 고객센터에 근무하는 조대리에게 관련 자료를 요청하였고 가급적 연령에 따라 분류해 줄 것을 당부하였다.

**42.** 다음 중 오대리가 수집하고자 하는 고객정보 중에서 반드시 포함되어야 할 사항으로 옳지 않은 것은?

① 연령　　　　　　② 사용하고 있는 모델

③ 거주지　　　　　④ 사용 시 불편사항

⑤ 좋아하는 디자인

**43.** 다음 보기의 사항들 중 위 사례에 포함된 사항은 모두 몇 개인가?

〈보기〉
- WHAT(무엇을?)
- WHERE(어디에서?)
- WHEN(언제까지?)
- WHY(왜?)
- WHO(누가?)
- HOW(어떻게?)
- HOW MUCH(얼마나?)

① 1개　　　　　　② 3개

③ 5개　　　　　　④ 6개

⑤ 7개

**44.** 다음은 어느 자격증 시험의 점수를 나타낸 엑셀 표이다. 다음을 합계점수가 높은 순으로 5명씩 10명만 인쇄하려고 한다. 다음 중 옳지 않은 것은? (단, 2행의 내용은 두 페이지 모두에 나오게 해야 한다)

| 접수코드 | 성명 | 성별 | 필기 | 실기 | 합계 |
|---|---|---|---|---|---|
| OP007K | 강경니 | 남 | 65 | 43 | 108 |
| OP011S | 강현수 | 남 | 100 | 97 | 197 |
| OP009S | 이대욱 | 남 | 80 | 55 | 135 |
| OP004S | 김애란 | 여 | 55 | 70 | 125 |
| OP005K | 노소연 | 여 | 67 | 50 | 117 |
| OP016K | 마온성 | 여 | 70 | 62 | 132 |
| OP001S | 마창진 | 남 | 42 | 70 | 112 |
| OP013S | 민병철 | 남 | 70 | 65 | 135 |
| OP010K | 정영진 | 여 | 46 | 23 | 69 |
| OP020S | 서예희 | 여 | 70 | 72 | 142 |
| OP008S | 신민경 | 여 | 60 | 57 | 117 |
| OP002K | 우영철 | 남 | 43 | 100 | 143 |
| OP017S | 이성환 | 여 | 69 | 52 | 121 |
| OP018S | 이영애 | 여 | 72 | 84 | 156 |
| OP003K | 이한일 | 남 | 57 | 60 | 117 |
| OP014K | 임홍삼 | 남 | 100 | 86 | 186 |
| OP019K | 정보진 | 남 | 90 | 88 | 178 |
| OP012S | 초한기 | 남 | 50 | 63 | 113 |
| OP015K | 황규하 | 남 | 60 | 80 | 140 |
| OP006K | 황길호 | 남 | 35 | 42 | 77 |

① G열 텍스트 오름차순 정렬

② 페이지 설정〉[시트]탭〉반복할 행 "$2:$2"

③ 7, 8행 사이에 페이지 나누기 삽입

④ 페이지 설정〉[시트]탭〉인쇄영역 "B2:G12"

⑤ 모두 옳음

**❘45~46❘** 다음은 H사의 물품 재고 창고에 적재되어 있는 제품 보관 코드 체계이다. 다음 표를 보고 이어지는 질문에 답하시오.

| 생산 연월 | 공급처 | | 제품 분류 | | 입고량 |
|---|---|---|---|---|---|
| | 원산지 코드 | 제조사 코드 | 용품 코드 | 제품별 코드 | |
| • 1209<br>-2012년<br>9월<br><br>• 1011<br>-2010년<br>11월 | 1 중국 | A All-8 | 01 캐주얼 | 001 청바지 | 00001<br>부터<br>5자리<br>시리얼<br>넘버<br>부여 |
| | | B 2 Stars | | 002 셔츠 | |
| | | C Facai | 02 여성 | 003 원피스 | |
| | 2 베트남 | D Nuyen | | 004 바지 | |
| | | E N-sky | | 005 니트 | |
| | 3 멕시코 | F Bratos | | 006 블라우스 | |
| | | G Fama | 03 남성 | 007 점퍼 | |
| | 4 한국 | H 혁진사 | | 008 카디건 | |
| | | I K상사 | | 009 모자 | |
| | | J 영스타 | 04 아웃도어 | 010 용품 | |
| | 5 일본 | K 왈러스 | | 011 신발 | |
| | | L 토까이 | | 012 래시가드 | |
| | | M 히스모 | 05 베이비 | 013 내복 | |
| | 6 호주 | N 오즈본 | | 014 바지 | |
| | | O Island | 06 반려동물 | 015 사료 | |
| | 7 독일 | P Kunhe | | 016 간식 | |
| | | Q Boyer | | 017 장난감 | |

〈예시〉
2010년 12월에 중국 '2 Stars'에서 생산된 아웃도어 신발의 15번째 입고 제품 코드
→1012 – 1B – 04011 – 00015

**45.** 2011년 10월에 생산된 '왈러스'의 여성용 블라우스로 10,215번째 입고된 제품의 코드로 알맞은 것은?

① 1010 – 5K – 02006 – 00215

② 1110 – 5K – 02060 – 10215

③ 1110 – 5K – 02006 – 10215

④ 1110 – 5L – 02005 – 10215

⑤ 1111 – 5K – 02006 – 10215

**46.** 제품 코드 0810 – 3G – 04011 – 00910에 대한 설명으로 옳지 않은 것은?

① 해당 제품의 입고 수량은 적어도 910개 이상이다.

② 중남미에서 생산된 제품이다.

③ 여름에 생산된 제품이다.

④ 캐주얼 제품이 아니다.

⑤ 신발이다.

**❘47~48❘** S정보통신에 입사한 당신은 시스템 모니터링 업무를 담당하게 되었다. 다음의 시스템 매뉴얼을 확인한 후 제시된 상황에서 적절한 입력코드를 고르시오.

〈S정보통신 시스템 매뉴얼〉

❑ 항목 및 세부사항

| 항목 | 세부사항 |
|---|---|
| Index@@ of Folder@@ | • 오류 문자 : Index 뒤에 나타나는 문자<br>• 오류 발생 위치 : Folder 뒤에 나타나는 문자 |
| Error Value | • 오류 문자와 오류 발생 위치를 의미하는 문자에 사용된 알파벳을 비교하여 오류 문자 중 오류 발생 위치의 문자와 일치하지 않는 알파벳의 개수 확인 |
| Final Code | • Error Value를 통하여 시스템 상태 판단 |

❑ 판단 기준 및 처리코드(Final Code)

| 판단 기준 | 처리코드 |
|---|---|
| 일치하지 않는 알파벳의 개수 = 0 | Qfgkdn |
| 0 < 일치하지 않는 알파벳의 개수 ≤ 3 | Wxmt |
| 3 < 일치하지 않는 알파벳의 개수 ≤ 5 | Atnih |
| 5 < 일치하지 않는 알파벳의 개수 ≤ 7 | Olyuz |
| 7 < 일치하지 않는 알파벳의 개수 ≤ 10 | Cenghk |

System is processing requests…
System Code is X.
Run…

Error Found!
Index GHWDYC of Folder APPCOMPAT

Final Code? _____

① Qfgkdn          ② Wxmt
③ Atnih           ④ Olyuz
⑤ Cenghk

System is processing requests…
System Code is X.
Run…

Error Found!
Index UGCTGHWT of Folder GLOBALIZATION

Final Code? _____

① Qfgkdn          ② Wxmt
③ Atnih           ④ Olyuz
⑤ Cenghk

**49.** 다음의 알고리즘에서 인쇄되는 S는?

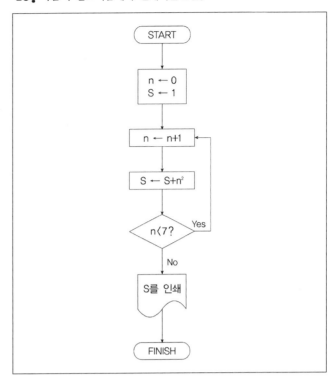

① 137          ② 139
③ 141          ④ 143
⑤ 145

**50.** 지민 씨는 회사 전화번호부를 1대의 핸드폰에 저장하였다. 핸드폰 전화번호부에서 검색을 했을 때 나타나는 결과로 옳은 것은? ('6'을 누르면 '5468', '7846' 등이 뜨고 'ㅌ'을 누르면 '전태승' 등이 뜬다.)

| 구분 | 이름 | 번호 |
|------|------|------|
| 총무팀 | 이서경 | 0254685554 |
| 마케팅팀 | 김민종 | 0514954554 |
| 인사팀 | 최찬웅 | 0324457846 |
| 재무팀 | 심빈우 | 0319485575 |
| 영업팀 | 민하린 | 01054892464 |
| 해외사업팀 | 김혜서 | 01099843232 |
| 전산팀 | 전태승 | 01078954654 |

① 'ㅎ'을 누르면 4명이 뜬다.
② '32'를 누르면 2명이 뜬다.
③ '55'를 누르면 2명이 뜬다.
④ 'ㅂ'을 누르면 아무도 나오지 않는다.
⑤ 'ㅅ'을 누르면 과반수 이하의 인원이 뜬다.